BEI GRIN MACHT SICH IHR WISSEN BEZAHLT

AF126132

- Wir veröffentlichen Ihre Hausarbeit,
  Bachelor- und Masterarbeit

- Ihr eigenes eBook und Buch -
  weltweit in allen wichtigen Shops

- Verdienen Sie an jedem Verkauf

Jetzt bei www.GRIN.com hochladen
und kostenlos publizieren

GRIN

Strategische Unternehmensführung anhand eines fiktiven Fallbeispiels

Simon Kübler

Bibliografische Information der Deutschen Nationalbibliothek:

Die Deutsche Nationalbibliothek verzeichnet diese Publikation in der Deutschen Nationalbibliografie; detaillierte bibliografische Daten sind im Internet über http://dnb.d-nb.de abrufbar.

ISBN: 9783346546074
Dieses Buch ist auch als E-Book erhältlich.

© GRIN Publishing GmbH
Nymphenburger Straße 86
80636 München

Druck und Bindung: Books on Demand GmbH, Norderstedt Germany
Gedruckt auf säurefreiem Papier aus verantwortungsvollen Quellen

Das vorliegende Werk wurde sorgfältig erarbeitet. Dennoch übernehmen Autoren und Verlag für die Richtigkeit von Angaben, Hinweisen, Links und Ratschlägen sowie eventuelle Druckfehler keine Haftung.

Das Buch bei GRIN: https://www.grin.com/document/1153023

Deutsche Hochschule für
Prävention und Gesundheitsmanagement
Hermann Neuberger Sportschule 3
66123 Saarbrücken

Einsendeaufgabe

Fachmodul:	Strategische Unternehmensführung 2
Studiengang:	Master of Arts Prävention- und Gesundheitsmanagement
Datum Präsenzphase:	06.05.2019-09.05.2019
Name, Vorname:	Kübler, Simon
Studienort:	**Saarbrücken**
Semester:	**2 Fachsemester**

Inhaltsverzeichnis

1 Bodo Müllers Plan

Herr Bodo Müller, Marketing Direktor der Gesundheits- und Medizintechnik AG, möchte einen Strategiewandel initiieren, da er für die Zukunft einen Wandel des Marktes und des Kundenverhaltens vorhersagt. Die vorliegende Arbeit beschäftigt sich mit seinem Plan zum Strategiewandel.

1.1 Gründe für den Wandel

Konkret möchte Herr Müller die Marketingstrategie so verändern, dass sie in der Zukunft die Bedürfnisse sowie Herausforderungen der Führungskräfte (C-Level) entspricht. Mit einer übergeordneten Abteilung soll die Organisation, nicht wie bisher geschäftsintern, nun extern ablaufen. Folgende Gründe sprechen dafür:

> ➢ Aufgrund von geringer staatlicher Förderung der Krankenhäuser sind diese kaum in der Lage sich neue Geräte anzuschaffen. Stattdessen ist die Instandhaltung der alten Geräte gängige Praxis. Die fehlende Investitionsbereitschaft ist einer der Gründe für den Wandel.

> ➢ Desweiteren liegt die Entscheidungsmacht über die Neuanschaffung von Geräten oftmals nicht mehr bei den Krankenhäusern selber sondern vielmehr in der Hand von Personaladministration. Diese trifft ihre Kaufentscheidung eher aus ökonomischer Sichtweise als im Gegensatz zu den Ärzten.

> ➢ In der Außendarstellung wird die Gesundheits- und Medizintechnik AG eher als ein technologie- und ingenieurorientiertes Unternehmen wahrgenommen. Um weiterhin bei diesen Entscheidungsträgern in Krankenhäusern attraktiv zu sein, muss das Unternehmen zeigen, dass es auch umfassendere Lösungen anbieten kann, die die allgemeine Effizienz im Krankenhaus verbessert.

> ➢ Außerdem ist die Branche angetrieben von der Internationalisierung, Regulierung und Digitalisierung im Wandel und gerade für kleine und mittlere Unternehmen stellt sich die Frage, ob sie die Veränderungen meistern können (Mauch, 2017, S. 17).

1.2 Aspekte des Strategiewandels

Herr Bodo Müller sieht für einen Strategiewandel verschiedene Aspekte. In einem ersten Schritt möchte er die Marketingstrategie der Gesundheits- und Medizintechnik AG ändern. Es sollen monatliche Meetings stattfinden, bei welchen Herr Müller die anderen Anwesenden von seiner Idee überzeugen und zum Handeln animieren kann. Darüber hinaus soll ein geschäftsübergreifendes Projekt geschaffen werden, welches innovative Ideen zum C-Level Marketing sowie Lösungsvorschläge zum Wandel entwickelt. Diese Finanzierung soll mit dem Budget der jeweiligen Marketingabteilungen gefördert werden.

Um zusätzlich die Mitarbeiter auf Arbeitsebene in den Wandel einzubinden, gründet Herr Müller eine Arbeitsgruppe. Diese Arbeitsgruppe stellt sich mit Vertretern aller Unternehmenseinheiten zusammen, um so einen optimalen Start gewährleisten zu können.

1.3 Barrieren und Widerstände

Im Unternehmen bedeutet Veränderung immer ein Aufbrechen aktueller Abläufe und Denkweisen. Gleichzeitig geht sie mit zukünftig nutzbaren Chancen einher, bringt aber auch viel Arbeit und Einsatz mit sich. Sobald Gewohnheiten abgeändert werden sollen, ist oft mit emotionaler Reaktion seitens der Betroffenen zu rechnen (Venzin et al., 2010, S. 220).

Aus diesem Grund ergeben sich oftmals Barrieren und Widerstände. Folgende Gründe für eventuelle Barrieren und Widerstände im Falle des Strategiewandels von Herrn Müller sind denkbar:

➢ Da das neue C-Level Marketing geschäftsübergreifend verwaltet werden soll und aufgrund dessen nicht mehr so viel Personal benötigt wird, kann eine Angst um den Verlust des Arbeitsplatzes auftreten.

➢ Umweltfaktoren wie Gesetzesänderungen können auftreten und mögliche Barrieren für den Strategiewandel hervorrufen.

➢ Im Zuge der Digitalisierung ist es immer schwieriger, bei so vielen Trends, auf die richtigen Technologien zu setzen. Hier kann eine falsche Prognose unangenehme Folgen für Arbeitnehmer und Arbeitgeber hervorrufen.

➢ Die bisherige Identifikation mit den Werten und Praktiken der Mitarbeiter überträgt sich mit dem angestrebten Wandel nicht und es kann zu Widerständen kommen.

➢ Eine weitere Barriere könnte ein zu niedrig angesetztes Budget für den bevorstehenden Wandel sein.

2 Change Management

Change Management bedeutet „alle Entscheidungen, Interaktionen und Handlungen, die sich auf die Initiierung, Konzipierung und Umsetzung von Veränderungen in Organisationen beziehen. Veränderungen bedürfen einer Planung, Organisation, Führung und Kontrolle" (Bamberger & Wrona, 2004, S. 444).

2.1 Gründe für Scheitern

Nach Kotter (1996, S. 15) lassen sich anhand des 8-Stufenmodells Gründe identifizieren, warum der von Herrn Müller geplante Wandel der Marketingstrategie gescheitert ist. Die folgende Tabelle beschreibt vier Gründe für den gescheiterten Wandel.

Tab. 1: Gründe für Scheitern (eigene Darstellung, 2019)

Gründe für das Scheitern	Erläuterung
Führungskoalition aufbauen	Herr Müller hat versucht eine Arbeitsgruppe der verschiedenen Unternehmensbereiche aufzubauen. Dies ist daran gescheitert, dass zu Beginn der Veranstaltung nicht alle präsent waren. Diejenigen welche anwesend waren konnten nicht überzeugt werden.
Zu viel Selbstgefälligkeit	Das Gefühl der Dringlichkeit schaffte Herr Müller nicht bei den VP`s zu erwecken, da diese dem Thema zum einen keinen hohen Stellenwert und Budget einräumten.
Vision und Strategie entwickeln	Seine Vision etwas zu ändern, hatte keine ausgereifte Strategie. Dies macht es der Führungsebene schwer, sich von Herr Müllers Vision zu überzeugen. In Zusammenarbeit mit den Mitarbeitern, wäre es ratsam eine ausführlich ausgearbeitete Strategie zu entwerfen.
Unfähigkeit schnelle Erfolge zu erzielen	Herr Müller trifft Entscheidungen lediglich über sein subjektives Empfinden, Prognosen für eine zu erwartende Änderung des deutschen Marktes für Medizingeräte machte er nicht an Kennzahlen, konkreten Aufträgen, Ziele mit Inhalt, Ausmaß und Zeit fest.

2.2 Veränderungen meistern

Um ein Scheitern aufzuhalten, kann mit Hilfe von Kotters acht Beschleunigern (1996, S. 20) Lösungsstrategien erarbeitet werden, die zum Erfolg des Wandels geführt hätten. Folgende Tabelle beschreibt die acht Beschleuniger mit denen Herr Müller seine Veränderungen gemeistert hätte.

Tab. 2: Das 8-Stufen-Modell von Kotter (eigene Darstellung, 2019)

1. Gefühl der Dringlichkeit wecken	Im ersten Schritt stellte Herr Müller seine Ideen und Prognose den VP's der jeweiligen Produktlinien bei einem Meeting vor. Zwei Vorgehensweisen wären ratsam für eine Überzeugung aller Mitarbeiter gewesen. Zum einen die VP's neben der sachlichen Ausführung der Zahlen und Fakten und zum anderen eben auch auf emotionaler Ebene abzuholen und in dem Vorhaben mitzureißen. Sofern die oberste Hierarchieebene ebenso von der Notwendigkeit eines Wandels überzeugt ist und das über alle Ebenen kommuniziert, kann im gesamten Unternehmen das Gefühl der Relevanz und Dringlichkeit entstehen. So hätte Bodo Müller auch versuchen können den Vorstand von seinem Vorhaben zu überzeugen.
2. Leistungsteam	Es gab von Anfang an kein ernanntes, geschäftsübergreifendes Leistungsteam aus allen Unternehmensbereichen. Bodo Müller hatte lediglich für sein Arbeitsteam ausgewählte Mitarbeiter angesprochen. Nach Kotter (1996, S. 22) ist es jedoch von Vorteil, sowohl Mitarbeiter aus den verschiedenen Geschäftsbereichen als auch Hierarchiestufen mit in den Leistungsprozess der lenkenden Koalition mit einzubinden.
3. Entwickeln von klaren Zielvorstellungen und konkreter Veränderungsstrategie	Herr Müller hatte zu Beginn den Fehler gemacht, dass er nicht mit der gesamten Arbeitsgruppe die Zielvorstellungen gemeinsam erarbeitet hat. Er gab ihnen lediglich die Ziele mit deren Strategien vor. So sollen mit Hilfe eines angesetzten Meetings, ebenfalls die Ideen und Zielvorstellungen der Mitarbeiter mit eingebunden werden.

4. Kommunikation der Vision & Mission für mehr Verständnis und Akzeptanz	Ein Vortrag mit einer Motivationsrede mit einer klaren Vision und Mission wohin es für das Unternehmen in den nächsten Jahren gehen soll, soll den Mitarbeiter mehr Verständnis und Akzeptanz gegenüber dem Wandel vermitteln. Eine beispielhafte Vision wäre: „Wir wollen Marktführer in unserer Branche sein, in jedem Krankenhaus und Praxis soll ein Gerät von uns stehen". Die strategische Vison lässt sich daraus ableiten: „Innerhalb des nächsten Jahrzehnts, entwickeln wir das erfolgreichste C-Level Marketing in der Branche".
5. Hindernisse aus dem Weg räumen	Die Beteiligten müssen, um sich mit dem Wandel zu identifizieren, über die Strategie aufgeklärt sein. Mit den neuen Strukturen gehen auch neue Aufgaben einher. Damit die Mitarbeiter sich an die angepassten Anforderungen gewöhnen können, müssen sie handlungsfähig gemacht werden. Dies gelingt zum einen durch Handlungsfreiräume bei der Selbstorganisation und zum anderen einer Bereichseinsetzung der jeweiligen Mitarbeiterkompetenzen.
6. Kurzfristige Erfolge	Zur Motivation werden Teilerfolge mit einem Newsletter präsentiert, zusätzlich werden Prämien bei Erreichung von Zwischenzielzahlen ausgeschüttet. Teilerfolge können beispielsweise sein, dass erste Geschäftsbeziehungen zu Geschäftsführern von Krankenhäusern oder Praxen aufgebaut wurden. Dies kann zu einem Motivationsschub für die Mitarbeiter, welche mit dem Projekt vertraut sind, führen. Den anderen wird signalisiert, dass ein Wandel im Gange ist, der erfolgreich ist.
7. Nicht nachlassen und weitere Veränderungen einleiten	Auch wenn Teilerfolge oder – Misserfolge erzielt wurden, soll stets weiter die Branche beobachtet und mit der gewachsen Glaubwürdigkeit gegenüber den verantwortlichen, die Chance genutzt werden, weitere Systeme, Strukturen und Verhaltensweisen zu verbessern, die nicht dem angebrochenen wandel entsprechen.
8. Neue Kultur verankern und ent-	Mit den neu gewonnen Verhaltensformen und Werten soll daraus ableitend die Unternehmenskultur tief verankert

wickeln	werden. Eine neue Unternehmenskultur könnte heißen: „Die Unternehmensführung fördern und fordern Innovation, jeder Einzelne ist bestrebt, das Unternehmen voran zu bringen. Gemeinsam stellen wir uns den Herausforderungen des Marktes und beeindrucken unsere Kunden und Konkurrenten mit Innovationen fortlaufend."

3 Strategieimplementierung

3.1 Durchsetzung

Innerhalb des Unternehmens ist eine Implementierung einer Strategie aufgrund ihres Neuigkeitscharakters oftmals mit einem tiefgreifenden Wandlungs- und Lernprozess verbunden. Die Umsetzung der Strategie befasst sich zum einen mit der Bewältigung von Verhaltenswiderstände zum anderen in der Vermittlung strategiebezogener Akzeptanz und ist damit eine Hauptaufgabe der Strategieimplementierung (Welge & Al-Laham, 2012, S. 807).

Maßnahmen wie die Vermittlung der Strategie, der Einweisung und Schulung sowie der Schaffung eines strategiebezogenen Konsenses gehören zur Durchsetzungsphase der Strategieimplementierung (Kolks, 2013, S. 114 ff.):

3.1.1 Vermittlung der Strategie

Bedeutend wichtig ist hierbei eine frühzeitige Kommunikation der Inhalte und Ziele, sodass es den Mitarbeitern möglich ist, sich damit zu befassen (Welge & Al-Laham, 2012, S. 545). Herr Müller sollte um die Führungskräfte und Mitarbeiter in der Arbeitsebene auf den gleichen Stand zu bringen, ein Meeting stattfinden lassen, innerhalb dessen er seinen Plan vorstellt. Eine sachliche und faktenorientierte Argumentation mit einer Vision, die die Mitarbeiter emotional mitreißt und begeistert, sollte ihnen präsentiert werden. Darüber hinaus sollte jedem Mitarbeiter nach dem Gespräch klar sein, welchen Mehrwert und Nutzen es hat, wenn sich das Unternehmen wandelt.

3.1.2 Einweisung und Schulung

Der Prozess einer Strategieimplementierung kann als ein komplexer Veränderungsprozess verstanden werden. Aus diesem Grund ist es wichtig, sowohl von den Mitarbeitern als auch von den Führungskräften, entsprechende Entscheidungsmuster und Handlungen einzufordern. Hier besteht bei allen Beteiligten ein Lern- und Fortbildungsbedarf um das Ziel von Herr Bodo Müller, ein ganzheitliches Konzept zu erschaffen, erfüllen zu können. Als Maßnahme sollte Herr Müller ein Best-Practise Beispiel aus dem Bereich des C-Level Marketings finden und den Verantwortlichen als Referenten sowie Betreuer für weitere Zusammenarbeit einladen. Innerhalb eines Workshops für die Mitarbeiter soll dieser das nötige „Know-How" vermitteln und als Inspiration für das eigene Vorhaben dienen.

3.1.3 Schaffung eines strategiebezogenen Konsenses

Ein Wandel der Marketingstrategie hat zumeist einen tiefgreifenden inhaltlichen und strukturellen Charakter und geht oft einher mit Konflikten zwischen den Mitarbeitern. Aufgrund dessen, dass unzureichende Konfliktbewältigungen erhebliche Willensbarrieren hervorrufen können und letztendlich den Wandel scheitern lassen kann, sollte Herr Bodo Müller ein angepasstes Konfliktmanagement, mit dem Uneinigkeiten lösungsorientiert gehandhabt und ebenso die positiven Wirkungen von Konflikten nutzbar gemacht werden, integrieren (Welge & Al-Laham, 2012 S. 809).

Bei auftretenden Konflikten sollte Herr Müller die Interessen der Konfliktparteien nach dem Harvard Modell genauestens analysieren und diese verhandeln lassen. Die vier Bedingungen, Trennung von Sach- und Beziehungsebene, Konzentration auf die Interessen und dabei die Postionen zurückstellen, Entscheidungsalternativen entwickeln und objektive Entscheidungskriterien festlegen sind wichtige Prinzipien zur erfolgreichen Umsetzung. Das Ausmaß von Konflikten hängt zum Großteil vom Implementierungsstil ab. Im Falle von Herrn Müllers Gesundheits- und Medizintechnik AG bietet sich das „Kulturmodell" an. Dabei formuliert zunächst das Management eine passende Strategie und die dazugehörige Vision. Eine Vision könnte lauten „wir werden innerhalb von fünf Jahren europaweit das erfolgreichste Unternehmen beim C-Level Marketing in unserer Branche".

Während dem Implementierungsprozess agiert das Management lediglich als Mentor, die Vision dient den Beschäftigten innerhalb der Strategieumsetzung als Leitbild für operative Maßnahmen (Welge & Al-Laham, 2012 S. 810).

3.2 Umsetzung

Ging es vorrangig in der Phase der Durchsetzung um die Akzeptanz der Mitarbeiter für den Wandel zu begeistern, wird nun in der Umsetzungsphase eine sachbezogene Realisierung der Strategie angestrebt. Sachbezogene Aufgaben sind die Transformation von strategischen Entscheidungen und Pläne in konkrete Aktionen, Anpassung der Unternehmenskultur sowie die Mobilisierung und Motivierung der Beschäftigten (Bamberger & Wrona, 2012, S. 476):

3.2.1 Transformation

Zu Beginn sollte ein IST-Zustand eruiert werden, anschließend sollte der SOLL-Zustand mittels Zielen und Plänen festgehalten werden. Wichtig ist dabei, dass die gesteckten Ziele über Inhalt, Ausmaß und über ein Zeitmanagement verfügen. Darüber hinaus benötigen Ziele eine genaue Steuerung, Verantwortungsträger, Kontrolle und Maßnahmen, welche Herr Müller anhand einem Metaplan nach bestimmten Fristen und Prioritäten zusammenführt. Hierfür wird eine eigene Abteilung, die künftig das C-Level Marketing leitet, geschaffen. Die Besetzung der Stellen werden sowohl intern als auch extern besetzt. Die Führung des Teams wird eine erfahrene, externe Person übernehmen. Das hat zum einen den Hintergrund, dass das C-Level Marketing etwas Neues für die Gesundheits- und Medizintechnik AG ist und zum anderen verhindert eine externe Person, dass sich alte Verhaltens- und Verfahrensweisen bei dem neuen Projekt wiederholen. Sofern die Abteilung geschaffen wurde, erarbeitet sie sich das erste C-Level Marketingkonzept, vergleicht und stimmt es mit den anderen Abteilungen ab und präsentiert das Ergebnis nach dem ersten Quartal dem Vorstand.

3.2.2 Anpassung

Nach dem Grundsatz von Alfred Chandlers, „structure follows strategy" muss ebenso die Organisationsstruktur des Unternehmens angepasst werden. Die neu gewonnene Marketingabteilung arbeitet nun nicht mehr über mehrere Geschäftseinheiten, sondern realisiert Ziele geschäftsübergreifend. Damit fällt es leichter die Gesundheits- und Medizintechnik AG als ganzheitliches Unternehmen darzustellen. Aufgaben die auf die Marketingabteilung fallen, werden in der Gruppe besprochen und den einzelnen Mitarbeitern welche am meisten Interesse bekunden zugesprochen.

Es soll eine flexible Organisationstruktur geschaffen werden, bei dem das positive Umgehen innerhalb des Teams, zum Informationsaustausch und letztendlich zur schnelleren Zielerreichung führen soll. Voraussetzung ist, dass jeder Mitarbeiter über bestimmte Ressourcen verfügt. In der Gesundheits- und Medizintechnik wird abteilungsübergreifend gearbeitet, das heißt, dass die Mitarbeiter auch demensprechende Kompetenzen mitbringen sollten, um adäquate Arbeit vollbringen zu können.

3.2.3 Motivierung und Mobilisierung

Motivieren und mobilisieren beginnt bereits im Bewerbungsgespräch potenzieller Mitarbeiter. Hierbei sollten bereits die weichen Faktoren wie zum Beispiel die Werte und Einstellungen erfragt werden, um diese dann hinsichtlich des Übereinstimmungsfaktors mit der Gesundheits- und Medizintechnik zu verglichen und auszusuchen. Laut Haake & Seiler (2012, S. 125) nimmt die Führungs- und Überzeugungsarbeit des Verantwortlichen bei der Motivation und Mobilisierung der Mitarbeiter eine zentrale Rolle ein.

Mit der Einstellung einer externen Führungskraft und dem ausgewählten Implementierungsstil „Kulturmodell" soll erreicht werden, dass die Beschäftigten einen kompetenten Vorgesetzen haben, der zum einen grundlegende Vorgehensweisen vorgibt, zum anderen aber auch als Mentor agiert um mit den Mitarbeitern zusammen neue Ideen erarbeitet.

Um eine langfristig Motivation und Mobilisation der Mitarbeiter gewährleisten zu können, muss mit Hilfe von Implementierungstaktiken versucht werden, die Beschäftigten intrinsisch zu erreichen (vgl. Raps, 2004, S. 37). Die neue Führungskraft sollte dabei Interventions- und Partizipationstaktiken bevorzugen. Darüber hinaus sollten für die Mitarbeiter materielle Motivationsanreize wie höherer Gehalt, Arbeitsplatzsicherheit und einer betrieblichen Altersvorsorge bei Zielerreichung geschaffen werden.

4 Balanced Scorecard

Ausgangspunkt der Entwicklungsarbeit für die Ursache-Wirkungskette stellt die Vision und die daraus abgeleitete Unternehmensstrategie dar. Unternehmensvision: „Wir wollen Marktführer in unserer Branche sein, in jedem Krankenhaus und Praxis soll ein Gerät von uns stehen". Die strategische Vision „Innerhalb des nächsten Jahrzehnts entwickeln wir das erfolgreichste C-Level Marketing in der Branche" (vgl. Tab. 2, S. 7).

4.1 Ursache-Wirkungskette

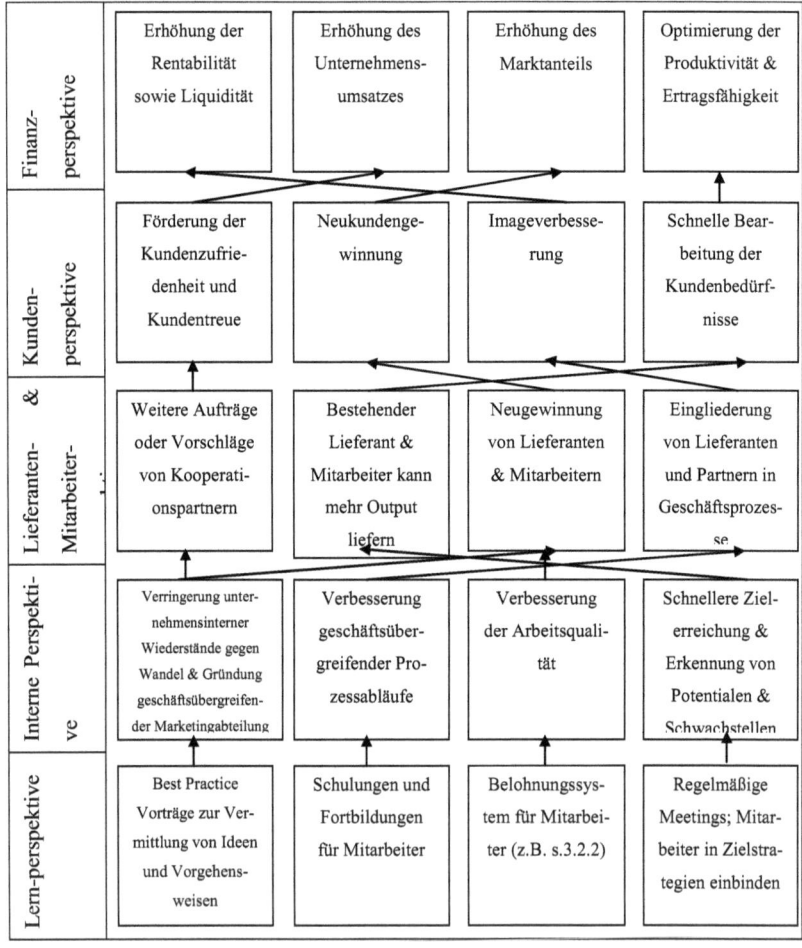

Abb. 1: Ursache-Wirkungskette der Gesundheits- und Medizintechnik AG (eigene Darstellung, 2019)

4.2 Festlegung Ziele, Kennzahlen, Vorgaben und Maßnahmen

Zur Umsetzung von den gesetzten Strategien wird nun die Balanced Scorecard einge-setzt. Folgende Tabelle stellt die Umsetzungsstrategie dar:

Tab. 3: Balanced Scorecard (eigene Darstellung, 2019)

Perspektive	Ziel	Kennzahl	Vorgabe	Maßnahmen
Finanzper-spektive	Innerhalb der nächsten fünf Jahre Deutsch-lands erfolg-reichster C-Level Marke-tingunternehmen	Marktanteil auf nationaler Ebe-ne	20 Prozent größerer Marktanteil als das zweiterfolgreichste Unternehmen in Deutschland	(vgl. Abb.1, S. 12)
Kundenper-spektive	Gewinnung von Neukunden und Kundenzufrie-denheit erhöhen	Vergleich von Soll-Ist Bestand und Weiter-empfehlungs-quote	Ein Plus von 30 Prozent innerhalb von fünf Jahren. Jeder Kunde erhält nach Abschluss ein Weiterempfehlungs-aktionsbogen	Marketingstrate-gie zur Neukun-dengewinnung und Empfeh-lungsmarketing
Mitarbeiter-perspektive	Die Stellen der neuen Abteilung optimal besetzen	Ergebnisse des Assessment-Centers und Gespräch der Bewerber	Optimale Stellenbe-setzung	Assessment-Center, Inter-views und Be-werbungsgesprä-che
Interne Per-spektive	abteilungsüber-greifende Abtei-lung für Marke-ting	Anzahl der Beschäftigten	Vollbesetzung nach einem Jahr	Zusammenle-gung und Um-strukturierung der bisherigen Marketingsabteil ungen
Lern- und Entwick-lungsperspekti ve	Mitarbeiterkom-petenz erhöhen	Weiterbil-dungsanzahl/ Jahr und Ein-träge in Wis-sensdatenbank	Möglichkeit über vier Fortbildungen pro Jahr	Externe und interne Fortbil-dungsmöglichkei ten

5   Unternehmensethik

Das folgende Kapitel beschäftigt sich mit der Ethik (grch. éthos = Sitte, Brauch) eines Unternehmens. Als Praxisbeispiel dient hier die Ergo Versicherung. Dabei werden genauer die Werte, Wertebrüche und die Konsequenzen welche auf das Unternehmen treffen betrachtet.

5.1 Praxisbeispiel

Der Ergo Versicherungskonzern erhielt 2011 nicht etwa durch einen erstklassigen Kundenservice im Bereich Versicherungen große Aufmerksamkeit, sondern durch die Veröffentlichung von prekären Inhalten ihrer Incentivreisen durch das „Handelsblatt" (Böcking, 2012). Zur „Revitalisierung der Strukturvertriebsgedanken" ging es für die 100 besten Vertriebsmitarbeiter der Ergo-Tochter Hamburg-Mannheimer 2007 nach Budapest. Das „Handelsblatt" hatte im Mai 2011 enthüllt, dass es dabei in der Gallert-Therme mit Prostituierten und Hostessen zu einer Orgie kam. Der ehemalige Vorstandsvorsitzende Torsten Oletzky beteuerte in einem Interview mit „Bild Online" im Jahr 2011, dass die Belohnungsreise ein absoluter Einzelfall war. Im Zuge der Investigative des Handelsblattes wurden allerdings weitere Incentivreisen aufgedeckt, welche ebenfalls die Buchung von Prostituierten beinhalteten. Die Konzernrevision beschreibt darüber hinaus, dass die Organisatoren der „Party Total", welche intern so genannt wurde, vor Reiseantritt zweimal nach Ungarn geflogen sind. Dabei sei eine Agentur mit der „Beschaffung von externen Dienstleistungen über ein Gesamtvolumen von mehr als 300 000 Euro beauftragt" worden. "Das Engagement von Prostituierten überschritt ethisch moralische Grenzen", so die Revisoren in ihrem Bericht. Die Dienste der Frauen wurden als Betriebskosten von der Steuer abgesetzt. Dies entspricht zwar den rechtlichen Regularien, dennoch stünden „Ausgaben von Prostitutionsdienstleistungen im krassen Gegensatz zu den Wertvorstellungen des ERGO Konzerns" (Iwersen, 2011). Neben den Vorkommnissen zu Beginn dieses Jahrhunderts wurde ebenfalls bekannt, dass bereits in den Siebzigern, im Rahmen eines Führungskräfteseminars in der Schweiz, Prostituierte eingeflogen worden sind. Abgerechnet wurde dies als „Helikopterrundflüge" (Demircan & Iwersen, 2016). Ergo zog auf den Skandal hin mehrere Konsequenzen. Als Beispiel hat man eine neue Richtlinie erlassen, die festlegt, dass Belohnungsreisen mit Versicherungsmaklern künftig nur noch unter Teilnahme der Ehe- und Lebenspartner stattfinden dürfen (Ergo Incentive-Richtlinie v. 1.8.2013, S. 6).

5.2 Unternehmenswerte

Nachfolgende Tabelle veranschaulicht die Unternehmenswerte der Versicherungsgruppe Ergo. Auf der Homepage werden die verschiedenen Corporate Governance Richtlinien offengelegt (Ergo, 2019).

Tab. 4: Unternehmenswerte für das Unternehmen Ergo (eigene Darstellung, 2019)

Unternehmenswerte	Ausführung
Grundgesetze für Mitarbeiter	• Beachtung und Einhaltung von Gesetz und Recht in der jeweiligen Rechtsordnung. Die Mitarbeiter sind dazu verpflichtet die geltenden Vorschriften zu beachten. • Bei Regelverstößen gegen den Kodex kann es für den Mitarbeiter zu disziplinarischen Konsequenzen oder gar Kündigung kommen.
Soziale Umgangsformen	• „Wir erwarten von allen Mitarbeitern, dass sie die persönliche Würde, die Privatsphäre und die Persönlichkeitsrechte jedes Einzelnen achten. • Wir tolerieren keine Diskriminierung noch sexuelle oder andere persönliche Belästigungen oder Beleidigungen. • Wir dulden kein soziales Fehlverhalten, keine Nötigung oder Gewalt oder deren Androhung". • Verantwortungsvolle Führung hat höchste Priorität • Vertrauensvolle Zusammenarbeit zwischen Ergo, Vertriebspartnern und Kunden
Umwelt	• „Wir betreiben ein aktives Umweltmanagement, um unseren CO_2-Fußabdruck kontinuierlich zu reduzieren. Darüber hinaus unterstützen wir Bildungs-, soziale und kulturelle Projekte an unseren verschiedenen Standorten weltweit".

5.3 Wertebruch

Das Verhalten der Beschäftigten bei den Belohnungsreisen entspricht eindeutig nicht den Unternehmenswerten von Ergo und fügte sowohl dem Unternehmen als auch der Versicherungsbranche erheblichen Schaden zu (Demircan & Iwersen, 2016). Aus den Richtlinien und dem Grundsatz von Ergo geht hervor, dass die Einhaltung von Gesetz und Recht in der jeweiligen Rechtsordnung stets zu erfüllen ist. Prostitution in Ungarn ist zwar seit 1999 erlaubt, darf allerdings lediglich in genehmigten Zonen ausgeübt werden, da sich die Kommunen dagegen wehren. Nach dem Gesetz ist Prostitution in Ungarn an sich legal, kann aber in der Praxis nur illegal ausgeübt werden (Wikipedia, 2019). Somit wurde sowohl von den Organisatoren als auch den Teilnehmern die Rechtsordnung von Ungarn missachtet.

„Versichern heißt verstehen" eines der Slogans von Ergo um den Versuch zu starten als eine Art von Kuschelkonzern in der Außendarstellung besser dar stehen zu können (Böcking, 2012). Diese Marketingkampagne passte selbstverständlich nicht zu dem Skandal. Der Konzern spendierte stattdessen besonders erfolgreichen Verkäufern käuflichen Geschlechtsverkehr. Nach dieser Veröffentlichung kündigte das Unternehmen eine große „Transparentoffensive" an, um alles aufzuklären. Darüber hinaus war die erste Aussage nach dem Skandal des Vorstandvorsitzenden Torsten Oletzky, dass solch eine Reise ein absoluter Einzelfall war. Der Konzern revidierte dies kurze Zeit später wieder, da widerrum das Handelsblatt aufgedeckt hatte, dass es doch zu weiteren Reisen kam. Während der Aufdeckung versuchte Ergo mit einer einstweiligen Verfügung weitere Veröffentlichungen durch das Handelsblatt zu verhindern. Der Widerspruch zwischen rechtliche Schritte einleiten und das Verhalten bei der Veröffentlichung weiterer Belustigungsreisen stehen in keinem Verhältnis zu der angekündigten „Transparentoffensive" und vermittelt der Öffentlichkeit kein vertrauensvolles Unternehmen (Demircan & Iwersen, 2016).

Ergo beschreibt „Wir erwarten von allen Mitarbeitern, dass sie die persönliche Würde, die Privatsphäre und die Persönlichkeitsrechte jedes Einzelnen achten" dabei sollen die Führungspersönlichkeiten eine Vorbildfunktion erfüllen (Ergo, 2019). Laut dem damaligen Vertriebschef gebe es im Gellert-Bad Damen „mit denen man reden müsse", damit gemeint sind Hostessen und solche „mit denen man nicht reden bräuchte, gemeint sind Prostituierte. Dabei wurden die Arme der Frauen nach jeder Inanspruchnahme mit einem "Frequentierungs-Stempel für die Inanspruchnahme der Prostitutionsdienstleistungen" versehen (Böcking, 2012).

5.4 Konsequenzen

Der Skandal blieb nicht ohne Folgen für das Unternehmen. Das Handelsblatt berichtet 2012, dass kein anderer deutscher Lebensversicherer 2011 so viele Kunden verloren hat wie der Versicherungskonzern Ergo. Der Bestand schrumpfte im Vergleich zum Vorjahr um 170.940 Verträge (Demircan & Iwersen, 2016). Daraufhin leitete Ergo Maßnahmen zu Umstrukturierung ein. Eine Maßnahme war ein Teil der Vorstandschaft zu entlassen. Nachdem der Vorstandvorsitzende Torsten Oletzky 2013 noch einen neuen Fünfjahresvertrag erhalten hat, wurde er 2015 entlassen. Neben Kündigungen von Mitarbeitern, verließ ebenfalls der Werbepartner Jürgen Klopp den Konzern (Demircan & Iwersen, 2016). Ebenso sind die Wettbewerber durch die Rufschädigung des Konzerns innerhalb der Branche betroffen (Demircan & Iwersen, 2016).

2013 veröffentlichte Ergo die Geschäftszahlen für 2012, der Konzern verlor in allen Marktsegmenten erhebliche Marktanteile. Neben der Anspruchsgruppe der breiten Öffentlichkeit, welche mit Wut und Unsicherheit als Reaktion zum Skandal antworteten, waren ebenfalls der Staat beziehungsweise die Behörden betroffen. Mit der Verschleierung bzw. Vertuschung von Champagnerflaschen und Helikopterrundflügen beziehungsweise falschen Abrechnungen, erweckt es den Anschein, dass man tun und lassen kann was man will und sich nicht nach der deutschen Rechtsform verhalten muss (Demircan & Iwersen, 2016).

Durch den Verlust der Marktanteile wurde 2011 der Etat für Werbekampagnen gekürzt, somit verloren auch die Lieferanten etwaige Umsätze (Demircan & Iwersen, 2016).

Laut den Geschäftsberichten der letzten Jahre erholt sich Ergo aber immer mehr vom Skandal und kann weiterhin auf Marktwachstum in der Zukunft setzen (Ergo, 2019).

6 Literaturverzeichnis

Bamberger, I. & Wrona, T. (2012). Strategische Unternehmensführung. Strategien, Systeme, Methoden, Prozesse (Vahlens Handbücher der Wirtschafts- und Sozialwissenschaften, 2. Aufl.). München: Vahlen.

Böcking, D. (2012). Barkasse mit barbusigen Hostessen. Zugriff am 31.05.2019. Verfügbar unter https://www.spiegel.de/wirtschaft/unternehmen/ergo-interner-bericht-schildert-details-der-sexparty-a-850037.html

Demircan, O. & Iwersen, S. (2016). Versicherer – Chronik des Ergo Skandals. Handelsblatt (Hrsg.). Zugriff am 31.05.2019. Verfügbar unter https://www.handelsblatt.com/finanzen/banken-versicherungen/versicherer-chronik-des-ergo-skandals/13603678.html

ERGO Group AG (2013). Incentive-Richtlinien. Zugriff am 31.05.2019. Verfügbar Unter https://www.ergo.com/-/media/ergocom/pdf-mediathek/corporate_governance/ergo-incentive-richtlinie-de.pdf?la=de&hash=151B62405662365A1D

Iwersen, S. (2011). Mordsspass – Rauschende Sex-Party bei der Ergo-Versicherung. Handelsblatt (Hrsg.). Zugriff am 31.05.2019. Verfügbar unter https://www.handelsblatt.com/finanzen/banken-versicherungen/mordsspass-rauschende-sex-party-bei-der-ergo-versicherung/4191768.html?ticket=ST-3016474-JVEGUl6o0b4e7DMt6byA-ap4

Kolks, U. (2013). Strategieimplementierung ein anwendeorientiertes Konzept. Wiesbaden: Deutscher Universitätsverlag.

Kotter, J. P. (2015). Die Kraft der zwei Systeme. Harvard Business Manager (Speziall), 80-93.

Mauch, C. (2017). Branchenreport Medizintechnik. In MedicalMountains AG (Hrsg.). Zugriff am 27.05.2019. Verfügbar unter https://medicalmountains.de/wp-content/uploads/sites/6/2018/03/Branchenreport_Medizintechnik_2017.pdf

Raps, A. (2004). Erfolgsfaktoren der Strategieimplementierung. Konzeption und Instrumente (2., aktualisierte Aufl.). Wiesbaden: Deutscher Universitätsverlag.

Venzin, M., Rasner, C. & Mahnke, V. (2010). Der Strategieprozess. Praxishandbuch zur Umsetzung im Unternehmen (2., erweiterte Auflage). Frankfurt am Main: Campus-Verlag.

Welge, M. K. & Al-Laham, A. (2012). Strategisches Management: Grundlagen – Prozess – Implementierung (6., aktualisierte Auflage). Wiesbaden: Springer Gabler.

Wikipedia (2019). Prostitution nach Ländern. Zugriff am 06.06.2019. Verfügbar unter
https://de.wikipedia.org/wiki/Prostitution_nach_Ländern

7 Abbildungs- und Tabellenverzeichnis

7.1 Abbildungsverzeichnis

7.2 Tabellenverzeichnis